This Weekly Planner Belongs To:

....

Mon	
26	
Tue	
27	
Wed	
28	
Thu	
29	

	Fri
	30

	Sat
	31

	Sun
	1

Notes

Mon 2	
Tue 3	
Wed 4	
Thu 5	

Fri

6

Sat

7

Sun

8

Notes

Mon	
9	

Tue	
10	

Wed	
11	

Thu	
12	

	Fri
	13

	Sat
	14

	Sun
	15

Notes

Mon	
16	
Tue	
17	
Wed	
18	
Thu	
19	

	Fri
	20
	Sat
	21
	Sun
	22

Notes

Mon	
23	

Tue	
24	

Wed	
25	

Thu	
26	

	Fri
	27

	Sat
	28

	Sun
	29

Notes

Mon 30	
Tue 1	
Wed 2	
Thu 3	

Fri

4

Sat

5

Sun

6

Notes

Mon	
7	

Tue	
8	

Wed	
9	

Thu	
10	

Fri

11

Sat

12

Sun

13

Notes

Mon 14	
Tue 15	
Wed 16	
Thu 17	

	Fri
	18
	Sat
	19
	Sun
	20

Notes

Mon **21**	
Tue **22**	
Wed **23**	
Thu **24**	

	Fri
	25

	Sat
	26

	Sun
	27

Notes

Mon 28	
Tue 29	
Wed 30	
Thu 31	

Fri

1

Sat

2

Sun

3

Notes

Mon	
4	

Tue	
5	

Wed	
6	

Thu	
7	

Fri

8

Sat

9

Sun

10

Notes

Mon 11	
Tue 12	
Wed 13	
Thu 14	

Fri

15

Sat

16

Sun

17

Notes

Mon	
18	

Tue	
19	

Wed	
20	

Thu	
21	

Fri

22

Sat

23

Sun

24

Notes

Mon	
25	

Tue	
26	

Wed	
27	

Thu	
28	

	Fri
	29

	Sat
	30

	Sun
	1

Notes

Mon	
2	

Tue	
3	

Wed	
4	

Thu	
5	

	Fri
	6

	Sat
	7

	Sun
	8

Notes

Mon

9

Tue

10

Wed

11

Thu

12

Fri

13

Sat

14

Sun

15

Notes

Mon 16	
Tue 17	
Wed 18	
Thu 19	

Fri

20

Sat

21

Sun

22

Notes

Mon 23	
Tue 24	
Wed 25	
Thu 26	

Fri

27

Sat

28

Sun

29

Notes

Mon	
30	

Tue	
31	

Wed	
1	

Thu	
2	

Fri

3

Sat

4

Sun

5

Notes

Mon	
6	

Tue	
7	

Wed	
8	

Thu	
9	

| | **Fri** |
| | **10** |

| | **Sat** |
| | **11** |

| | **Sun** |
| | **12** |

Notes

Mon	
13	

Tue	
14	

Wed	
15	

Thu	
16	

Fri

17

Sat

18

Sun

19

Notes

Mon 20	
Tue 21	
Wed 22	
Thu 23	

Fri

24

Sat

25

Sun

26

Notes

Mon 27	
Tue 28	
Wed 29	
Thu 30	

	Fri
	31

	Sat
	1

	Sun
	2

Notes

Mon	
3	

Tue	
4	

Wed	
5	

Thu	
6	

Fri

7

Sat

8

Sun

9

Notes

Mon

10

Tue

11

Wed

12

Thu

13

Fri

14

Sat

15

Sun

16

Notes

February 2020

Mon 17	
Tue 18	
Wed 19	
Thu 20	

Fri

21

Sat

22

Sun

23

Notes

Mon 24	
Tue 25	
Wed 26	
Thu 27	

	Fri
	28

	Sat
	29

	Sun
	1

Notes

Mon	
2	

Tue	
3	

Wed	
4	

Thu	
5	

Fri

6

Sat

7

Sun

8

Notes

Mon	
9	
Tue	
10	
Wed	
11	
Thu	
12	

Fri

13

Sat

14

Sun

15

Notes

Mon	
16	

Tue	
17	

Wed	
18	

Thu	
19	

Fri

20

Sat

21

Sun

22

Notes

Mon	
23	

Tue	
24	

Wed	
25	

Thu	
26	

Fri

27

Sat

28

Sun

29

Notes

Mon 30	
Tue 31	
Wed 1	
Thu 2	

Fri

3

Sat

4

Sun

5

Notes

Mon 6	
Tue 7	
Wed 8	
Thu 9	

	Fri
	10

	Sat
	11

	Sun
	12

Notes

Mon 13	
Tue 14	
Wed 15	
Thu 16	

	Fri
	17
	Sat
	18
	Sun
	19

Notes

Mon	
20	

Tue	
21	

Wed	
22	

Thu	
23	

| | Fri |
| | **24** |

| | Sat |
| | **25** |

| | Sun |
| | **26** |

Notes

Mon	
27	

Tue	
28	

Wed	
29	

Thu	
30	

Fri

1

Sat

2

Sun

3

Notes

Mon 4	
Tue 5	
Wed 6	
Thu 7	

	Fri
	8

	Sat
	9

	Sun
	10

Notes

Mon	
11	
Tue	
12	
Wed	
13	
Thu	
14	

Fri

15

Sat

16

Sun

17

Notes

Mon 18	
Tue 19	
Wed 20	
Thu 21	

Fri

22

Sat

23

Sun

24

Notes

Mon 25	
Tue 26	
Wed 27	
Thu 28	

	Fri
	29

	Sat
	30

	Sun
	31

Notes

Mon	
1	

Tue	
2	

Wed	
3	

Thu	
4	

	Fri
	5

	Sat
	6

	Sun
	7

Notes

Mon 8	
Tue 9	
Wed 10	
Thu 11	

	Fri
	12

	Sat
	13

	Sun
	14

Notes

Mon	
15	

Tue	
16	

Wed	
17	

Thu	
18	

Fri

19

Sat

20

Sun

21

Notes

Mon	
22	

Tue	
23	

Wed	
24	

Thu	
25	

	Fri
	26
	Sat
	27
	Sun
	28

Notes

Mon	
29	

Tue	
30	

Wed	
1	

Thu	
2	

Fri

3

Sat

4

Sun

5

Notes

Mon	
6	
Tue	
7	
Wed	
8	
Thu	
9	

Fri

10

Sat

11

Sun

12

Notes

Mon	
13	
Tue	
14	
Wed	
15	
Thu	
16	

Fri

17

Sat

18

Sun

19

Notes

Mon 20	
Tue 21	
Wed 22	
Thu 23	

	Fri
	24
	Sat
	25
	Sun
	26

Notes

Mon **27**	
Tue **28**	
Wed **29**	
Thu **30**	

| | Fri |
| | 31 |

| | Sat |
| | 1 |

| | Sun |
| | 2 |

Notes

Mon 3	
Tue 4	
Wed 5	
Thu 6	

Fri

7

Sat

8

Sun

9

Notes

Mon	
10	
Tue	
11	
Wed	
12	
Thu	
13	

Fri

14

Sat

15

Sun

16

Notes

Mon	
17	

Tue	
18	

Wed	
19	

Thu	
20	

Fri

21

Sat

22

Sun

23

Notes

Mon	
24	

Tue	
25	

Wed	
26	

Thu	
27	

	Fri
	28

	Sat
	29

	Sun
	30

Notes

Mon 31	
Tue 1	
Wed 2	
Thu 3	

Fri

4

Sat

5

Sun

6

Notes

September 2020

Mon **7**	
Tue **8**	
Wed **9**	
Thu **10**	

| | **Fri** |
| | **11** |

| | **Sat** |
| | **12** |

| | **Sun** |
| | **13** |

Notes

Mon 14	
Tue 15	
Wed 16	
Thu 17	

Fri

18

Sat

19

Sun

20

Notes

September   2020

Mon 21	
Tue 22	
Wed 23	
Thu 24	

Fri

25

Sat

26

Sun

27

Notes

Mon 28	
Tue 29	
Wed 30	
Thu 1	

Fri

2

Sat

3

Sun

4

Notes

Mon	
5	

Tue	
6	

Wed	
7	

Thu	
8	

	Fri
	9

	Sat
	10

	Sun
	11

Notes

Mon **12**	
Tue **13**	
Wed **14**	
Thu **15**	

Fri

16

Sat

17

Sun

18

Notes

Mon	
19	

Tue	
20	

Wed	
21	

Thu	
22	

	Fri
	23

	Sat
	24

	Sun
	25

Notes

Mon 26	
Tue 27	
Wed 28	
Thu 29	

	Fri
	30

	Sat
	31

	Sun
	1

Notes

Mon	
2	
Tue	
3	
Wed	
4	
Thu	
5	

Fri

6

Sat

7

Sun

8

Notes

Mon	
9	

Tue	
10	

Wed	
11	

Thu	
12	

	Fri
	13

	Sat
	14

	Sun
	15

Notes

Mon	
16	
Tue	
17	
Wed	
18	
Thu	
19	

Fri

20

Sat

21

Sun

22

Notes

Mon	
23	

Tue	
24	

Wed	
25	

Thu	
26	

Fri

27

Sat

28

Sun

29

Notes

Mon 30	
Tue 1	
Wed 2	
Thu 3	

Fri

4

Sat

5

Sun

6

Notes

Mon **7**	
Tue **8**	
Wed **9**	
Thu **10**	

Fri

11

Sat

12

Sun

13

Notes

Mon 14	
Tue 15	
Wed 16	
Thu 17	

	Fri
	18

	Sat
	19

	Sun
	20

Notes

Mon 21	
Tue 22	
Wed 23	
Thu 24	

Fri

25

Sat

26

Sun

27

Notes

Mon	
28	
Tue	
29	
Wed	
30	
Thu	
31	

| | **Fri** |
| | **1** |

| | **Sat** |
| | **2** |

| | **Sun** |
| | **3** |

Notes

2017 AT A GLANCE

JANUARY

S	M	T	W	T	F	S
1	2	3	4	5	6	7
8	9	10	11	12	13	14
15	16	17	18	19	20	21
22	23	24	25	26	27	28
29	30	31	1	2	3	4
5	6	7	8	9	10	11

FEBRUARY

S	M	T	W	T	F	S
29	30	31	1	2	3	4
5	6	7	8	9	10	11
12	13	14	15	16	17	18
19	20	21	22	23	24	25
26	27	28	1	2	3	4
5	6	7	8	9	10	11

MARCH

S	M	T	W	T	F	S
26	27	28	1	2	3	4
5	6	7	8	9	10	11
12	13	14	15	16	17	18
19	20	21	22	23	24	25
26	27	28	29	30	31	1
2	3	4	5	6	7	8

APRIL

S	M	T	W	T	F	S
26	27	28	29	30	31	1
2	3	4	5	6	7	8
9	10	11	12	13	14	15
16	17	18	19	20	21	22
23	24	25	26	27	28	29
30	1	2	3	4	5	6

MAY

S	M	T	W	T	F	S
30	1	2	3	4	5	6
7	8	9	10	11	12	13
14	15	16	17	18	19	20
21	22	23	24	25	26	27
28	29	30	31	1	2	3
4	5	6	7	8	9	10

JUNE

S	M	T	W	T	F	S
28	29	30	31	1	2	3
4	5	6	7	8	9	10
11	12	13	14	15	16	17
18	19	20	21	22	23	24
25	26	27	28	29	30	1
2	3	4	5	6	7	8

NOTES:

2017 AT A GLANCE

JULY

S	M	T	W	T	F	S
25	26	27	28	29	30	1
2	3	4	5	6	7	8
9	10	11	12	13	14	15
16	17	18	19	20	21	22
23	24	25	26	27	28	29
30	31	1	2	3	4	5

AUGUST

S	M	T	W	T	F	S
30	31	1	2	3	4	5
6	7	8	9	10	11	12
13	14	15	16	17	18	19
20	21	22	23	24	25	26
27	28	29	30	31	1	2
3	4	5	6	7	8	9

SEPTEMBER

S	M	T	W	T	F	S
27	28	29	30	31	1	2
3	4	5	6	7	8	9
10	11	12	13	14	15	16
17	18	19	20	21	22	23
24	25	26	27	28	29	30
1	2	3	4	5	6	7

OCTOBER

S	M	T	W	T	F	S
1	2	3	4	5	6	7
8	9	10	11	12	13	14
15	16	17	18	19	20	21
22	23	24	25	26	27	28
29	30	31	1	2	3	4
5	6	7	8	9	10	11

NOVEMBER

S	M	T	W	T	F	S
29	30	31	1	2	3	4
5	6	7	8	9	10	11
12	13	14	15	16	17	18
19	20	21	22	23	24	25
26	27	28	29	30	1	2
3	4	5	6	7	8	9

DECEMBER

S	M	T	W	T	F	S
26	27	28	29	30	1	2
3	4	5	6	7	8	9
10	11	12	13	14	15	16
17	18	19	20	21	22	23
24	25	26	27	28	29	30
31	1	2	3	4	5	6

NOTES:

2018 AT A GLANCE

JANUARY

S	M	T	W	T	F	S
31	1	2	3	4	5	6
7	8	9	10	11	12	13
14	15	16	17	18	19	20
21	22	23	24	25	26	27
28	29	30	31	1	2	3
4	5	6	7	8	9	10

FEBRUARY

S	M	T	W	T	F	S
28	29	30	31	1	2	3
4	5	6	7	8	9	10
11	12	13	14	15	16	17
18	19	20	21	22	23	24
25	26	27	28	1	2	3
4	5	6	7	8	9	10

MARCH

S	M	T	W	T	F	S
25	26	27	28	1	2	3
4	5	6	7	8	9	10
11	12	13	14	15	16	17
18	19	20	21	22	23	24
25	26	27	28	29	30	31
1	2	3	4	5	6	7

APRIL

S	M	T	W	T	F	S
1	2	3	4	5	6	7
8	9	10	11	12	13	14
15	16	17	18	19	20	21
22	23	24	25	26	27	28
29	30	1	2	3	4	5
6	7	8	9	10	11	12

MAY

S	M	T	W	T	F	S
29	30	1	2	3	4	5
6	7	8	9	10	11	12
13	14	15	16	17	18	19
20	21	22	23	24	25	26
27	28	29	30	31	1	2
3	4	5	6	7	8	9

JUNE

S	M	T	W	T	F	S
27	28	29	30	31	1	2
3	4	5	6	7	8	9
10	11	12	13	14	15	16
17	18	19	20	21	22	23
24	25	26	27	28	29	30
1	2	3	4	5	6	7

NOTES:

2018 AT A GLANCE

JULY

S	M	T	W	T	F	S
1	2	3	4	5	6	7
8	9	10	11	12	13	14
15	16	17	18	19	20	21
22	23	24	25	26	27	28
29	30	31	1	2	3	4
5	6	7	8	9	10	11

AUGUST

S	M	T	W	T	F	S
29	30	31	1	2	3	4
5	6	7	8	9	10	11
12	13	14	15	16	17	18
19	20	21	22	23	24	25
26	27	28	29	30	31	1
2	3	4	5	6	7	8

SEPTEMBER

S	M	T	W	T	F	S
26	27	28	29	30	31	1
2	3	4	5	6	7	8
9	10	11	12	13	14	15
16	17	18	19	20	21	22
23	24	25	26	27	28	29
30	1	2	3	4	5	6

OCTOBER

S	M	T	W	T	F	S
30	1	2	3	4	5	6
7	8	9	10	11	12	13
14	15	16	17	18	19	20
21	22	23	24	25	26	27
28	29	30	31	1	2	3
4	5	6	7	8	9	10

NOVEMBER

S	M	T	W	T	F	S
28	29	30	31	1	2	3
4	5	6	7	8	9	10
11	12	13	14	15	16	17
18	19	20	21	22	23	24
25	26	27	28	29	30	1
2	3	4	5	6	7	8

DECEMBER

S	M	T	W	T	F	S
25	26	27	28	29	30	1
2	3	4	5	6	7	8
9	10	11	12	13	14	15
16	17	18	19	20	21	22
23	24	25	26	27	28	29
30	31	1	2	3	4	5

NOTES:

2019 AT A GLANCE

JANUARY

S	M	T	W	T	F	S
30	31	1	2	3	4	5
6	7	8	9	10	11	12
13	14	15	16	17	18	19
20	21	22	23	24	25	26
27	28	29	30	31	1	2
3	4	5	6	7	8	9

FEBRUARY

S	M	T	W	T	F	S
27	28	29	30	31	1	2
3	4	5	6	7	8	9
10	11	12	13	14	15	16
17	18	19	20	21	22	23
24	25	26	27	28	1	2
3	4	5	6	7	8	9

MARCH

S	M	T	W	T	F	S
24	25	26	27	28	1	2
3	4	5	6	7	8	9
10	11	12	13	14	15	16
17	18	19	20	21	22	23
24	25	26	27	28	29	30
31	1	2	3	4	5	6

APRIL

S	M	T	W	T	F	S
31	1	2	3	4	5	6
7	8	9	10	11	12	13
14	15	16	17	18	19	20
21	22	23	24	25	26	27
28	29	30	1	2	3	4
5	6	7	8	9	10	11

MAY

S	M	T	W	T	F	S
28	29	30	1	2	3	4
5	6	7	8	9	10	11
12	13	14	15	16	17	18
19	20	21	22	23	24	25
26	27	28	29	30	31	1
2	3	4	5	6	7	8

JUNE

S	M	T	W	T	F	S
26	27	28	29	30	31	1
2	3	4	5	6	7	8
9	10	11	12	13	14	15
16	17	18	19	20	21	22
23	24	25	26	27	28	29
30	1	2	3	4	5	6

 NOTES:

2019 AT A GLANCE

JULY

S	M	T	W	T	F	S
30	1	2	3	4	5	6
7	8	9	10	11	12	13
14	15	16	17	18	19	20
21	22	23	24	25	26	27
28	29	30	31	1	2	3
4	5	6		7	8	9

AUGUST

S	M	T	W	T	F	S
28	29	30	31	1	2	3
4	5	6	7	8	9	10
11	12	13	14	15	16	17
18	19	20	21	22	23	24
25	26	27	28	29	30	31
1	2	3	4	5	6	7

SEPTEMBER

S	M	T	W	T	F	S
1	2	3	4	5	6	7
8	9	10	11	12	13	14
15	16	17	18	19	20	21
22	23	24	25	26	27	28
29	30	1	2	3	4	5
6	7	8	9	10	11	12

OCTOBER

S	M	T	W	T	F	S
29	30	1	2	3	4	5
6	7	8	9	10	11	12
13	14	15	16	17	18	19
20	21	22	23	24	25	26
27	28	29	30	31	1	2
3	4	5	6	7	8	9

NOVEMBER

S	M	T	W	T	F	S
27	28	29	30	31	1	2
3	4	5	6	7	8	9
10	11	12	13	14	15	16
17	18	19	20	21	22	23
24	25	26	27	28	29	30
1	2	3	4	5	6	7

DECEMBER

S	M	T	W	T	F	S
24	25	26	27	28	29	30
1	2	3	4	5	6	7
8	9	10	11	12	13	14
15	16	17	18	19	20	21
22	23	24	25	26	27	28
29	30	31	1	2	3	4

NOTES:

2020 AT A GLANCE

JANUARY

S	M	T	W	T	F	S
29	30	31	1	2	3	4
5	6	7	8	9	10	11
12	13	14	15	16	17	18
19	20	21	22	23	24	25
26	27	28	29	30	31	1
2	3	4	5	6	7	8

FEBRUARY

S	M	T	W	T	F	S
26	27	28	29	30	31	1
2	3	4	5	6	7	8
9	10	11	12	13	14	15
16	17	18	19	20	21	22
23	24	25	26	27	28	29
1	2	3	4	5	6	7

MARCH

S	M	T	W	T	F	S
1	2	3	4	5	6	7
8	9	10	11	12	13	14
15	16	17	18	19	20	21
22	23	24	25	26	27	28
29	30	31	1	2	3	4
5	6	7	8	9	10	11

APRIL

S	M	T	W	T	F	S
29	30	31	1	2	3	4
5	6	7	8	9	10	11
12	13	14	15	16	17	18
19	20	21	22	23	24	25
26	27	28	29	30	1	2
3	4	5	6	7	8	9

MAY

S	M	T	W	T	F	S
26	27	28	29	30	1	2
3	4	5	6	7	8	9
10	11	12	13	14	15	16
17	18	19	20	21	22	23
24	25	26	27	28	29	30
31	1	2	3	4	5	6

JUNE

S	M	T	W	T	F	S
31	1	2	3	4	5	6
7	8	9	10	11	12	13
14	15	16	17	18	19	20
21	22	23	24	25	26	27
28	29	30	1	2	3	4
5	6	7	8	9	10	11

 NOTES:

2020 AT A GLANCE

JULY

S	M	T	W	T	F	S
28	29	30	1	2	3	4
5	6	7	8	9	10	11
12	13	14	15	16	17	18
19	20	21	22	23	24	25
26	27	28	29	30	31	1
2	3	4	5	6	7	8

AUGUST

S	M	T	W	T	F	S
26	27	28	29	30	31	1
2	3	4	5	6	7	8
9	10	11	12	13	14	15
16	17	18	19	20	21	22
23	24	25	26	27	28	29
30	31	1	2	3	4	5

SEPTEMBER

S	M	T	W	T	F	S
30	31	1	2	3	4	5
6	7	8	9	10	11	12
13	14	15	16	17	18	19
20	21	22	23	24	25	26
27	28	29	30	1	2	3
4	5	6	7	8	9	10

OCTOBER

S	M	T	W	T	F	S
27	28	29	30	1	2	3
4	5	6	7	8	9	10
11	12	13	14	15	16	17
18	19	20	21	22	23	24
25	26	27	28	29	30	31
1	2	3	4	5	6	7

NOVEMBER

S	M	T	W	T	F	S
1	2	3	4	5	6	7
8	9	10	11	12	13	14
15	16	17	18	19	20	21
22	23	24	25	26	27	28
29	30	1	2	3	4	5
6	7	8	9	10	11	12

DECEMBER

S	M	T	W	T	F	S
29	30	1	2	3	4	5
6	7	8	9	10	11	12
13	14	15	16	17	18	19
20	21	22	23	24	25	26
27	28	29	30	31	1	2
3	4	5	6	7	8	9

NOTES:

Made in the USA
Coppell, TX
20 February 2020